본격 대결 과학실험 만화

내일은 실험왕 ⑤

본격 대결 과학실험 만화

내일은 실험왕 ⑤ 전기의 대결

글 곰돌이 co. | 그림 홍종현 | 감수 박완규, (주)사이언피아 | 채색 유기선 | 사진 POS 스튜디오, 연합뉴스

찍은날 2007년 11월 20일 초판 1쇄 | 펴낸날 2007년 11월 25일 초판 1쇄

펴낸이 김창식 | 본부장 김상수 | 개발팀장 박현미 | 기획·편집 문영, 이영, 최민정, 윤기홍, 박소영 | 디자인 박성영, 이지연

마케팅 황선범, 안형태, 이정균, 천용호, 온재상, 김종수, 최병화, 정동원 | 홍보 황영아, 김정아, 허인진 | 제작·관리 이영호, 송정훈, 오경신

펴낸곳 대한교과서주식회사 서울시 서초구 잠원동 41-10 편집 02)3475-3920 마케팅 02)3475-3843~4 팩스 02)541-8249 | 홈페이지 http://www.i-seum.com

출판등록 1950년 11월 1일 제16-67호

ISBN 978-89-378-4222-1 77400
ISBN 978-89-378-4228-3(세트)

잘못된 책은 구입처에서 바꾸어 드립니다.
값은 뒤표지에 있습니다.

본격 대결 과학실험 만화

내일은 실험왕 ⑤

글 곰돌이 co. | 그림 홍종현

아이세움

차례

◎등장인물

범우주

소속 새벽초등학교 실험반.
관찰 내용
• 항상 명랑하고 활기찬 장난꾸러기.
• 모르는 것에 대해 아는 척을 잘한다.
• 강원소와 서로 조금씩 마음을 열고 있다.
관찰 결과 실험반이 해체 위기에 처했을 때도
절대 포기하지 않는 진정한 의리파!

강원소

소속 새벽초등학교 실험반.
관찰 내용
• 허흥, 세나와 어릴 적 친구였지만 지금은 사이가 좋지 않다.
• 못마땅해 하던 우주와 티격태격하며 조금씩 친해지고 있다.
• 실험반 리더답게 실험 공연을 훌륭히 이끈다.
관찰 결과 많은 비밀을 숨긴 채 점점 실험반에 동화되고 있다!

하지만

소속 새벽초등학교 실험반.
관찰 내용
• 초롱이를 보기 위해 태권도반 주장의 구박을 참고 견딘다.
• 정보 수집을 잘하지만 정보 분석력은 떨어진다.
• 무대 공포증이 있다.
관찰 결과 실험반의 해체 위기 때 실험반의
소중함을 깨닫는다!

나란이

소속 새벽초등학교 실험반.
관찰 내용
• 친절하고 자상하지만 마음이 여리다.
• 전국 실험 대회 진출 좌절을 자기 탓이라고 자책하며 괴로워한다.
• 항상 강원소 때문에 울고 웃는다.
관찰 결과 굳은 의지와 용기로 실험반 해체 위기를 극복하는
열쇠 역할을 훌륭히 해낸다!

에릭

소속 아무도 모른다.

관찰 내용
- 가설이 영국에 머무를 때의 제자.
- 높임말만 아니면 우리말을 유창하게 구사한다.
- 여자와 대화할 땐 말투가 느끼해진다.

관찰 결과 여자에겐 친절하고 남자에겐 퉁명스럽다!

태양초등학교 실험반

- 새벽초 바로 옆에 있는 명문 태양초의 실험반.
- 원소의 어릴 적 친구인 허홍을 중심으로 뛰어난 실력을 자랑하며, 새벽초 실험반을 깔본다.

고수초등학교 발명반

- 국제 과학 올림피아드에 출전하기 위해 실험 대회에 참가한 발명반.
- 한대범을 중심으로 발명반다운 톡톡 튀는 아이디어로 승부한다.

금실초등학교 실험반

- 늘 티격태격하는 두 반원 때문에 항상 시끄러운 실험반.
- 친구이자 경쟁자인 두 사람은 금실초 실험반의 기둥이자 불안 요소이다.

기타 등장인물

❶ 전국 실험 대회 출전 티켓을 손꼽아 기다리는 **새벽초 교장 선생님**.
❷ 새벽초 교장과 친구이자 숙명의 라이벌인 **태양초 교장 선생님**.
❸ 속을 알 수 없는 새벽초 실험반 지도 선생님 **가설**.
❹ 자나 깨나 태권도 생각뿐인 **태권도반 주장**.
❺ 범우주를 짝사랑하는 태권 소녀 **김초롱**.

드디어,
대회 결선입니다!

여기 모인 네 학교 중
높은 점수를 받은
두 학교만이
전국 대회 출전권을
얻게 됩니다.

그럼,
지금부터…….

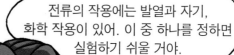

전류의 작용에는 발열과 자기,
화학 작용이 있어. 이 중 하나를 정하면
실험하기 쉬울 거야.

어때? 실감 났어?

......

잠깐!

전류라니?
우리는 전기 실험을
해야지!

야야, 무식하면 눈치라도 있어야지.
척 보면 둘이 친구라는 거 몰라?

뭐?

그게 말이 되냐?
전류와 전기가 친구면,

전차, 전구,
전쟁, 전선 등
'전' 자로 시작되는
단어들은 모두
친구라는 거야?

전차

전구

전쟁

전선

어유,
그게 아니고~

12

*전위 모든 전기 현상의 근원이 되는 실체를 전하라고 하며, 전위는 이 전하가 갖는 위치 에너지를 뜻한다.

뭐더라…….
세 개였는데~.

하, 하…….

화학 작용!

나도 알아!

각 작용에 해당하는 실험이 아주 많으니까 먼저 작용의 종류를 선택하는 게 중요해.

난 '전기' 하면 딱 떠오르는 실험이 좋을 것 같아.

'전기' 하면 딱 떠오르는 것?

응.

란이 넌 뭐가 떠오르는데?

음…….

백열전구

트리 전등

손전등

스탠드

응, 태양 같은 자연광을 빼면 대부분의 빛은 전기로 만들어지잖아.

맞아, 전구는 인류 역사상 가장 중요한 발명품이기도 하잖아!

전구는 전류가 흘러 빛과 열을 내니까, 전류의 발열 작용으로 설명할 수 있지.

하지만 전구에서 빛이 나게 하는 실험은 너무 단순하잖아. 그렇다고 우리가 직접 전구를 만들 수도 없고……

맞아!

꿍

아니, 만들 수 있어. 진짜 전구는 아니지만……

정말? 어떻게?!

전지를 이용해 샤프심이나
연필심에서 빛이 나게
할 수 있어.

오오!

그거 좋겠다!
샤프심 전구 실험!

좋았어!

자, 그럼
어서 준비물을
챙기자고!

그래!

스윽..

순전히 운으로
여기까지 온 녀석들에게
진짜 실력이 뭔지
보여 주자고!

탁월한
생각이야!

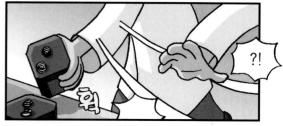

?!

너희도 이걸 쓰나 보지?
열심히 해 봐~.

응, 쇠나 구리처럼 전류가 통하는 물체를 도체라고 하고,

반대로 종이나 나무같이 전류가 통하지 않는 물체를 부도체라고 해.

쇠못

종이

도체…….

부도체…….

그러니까 필라멘트나 샤프심은 전류가 통하는 도체라 이거지?

맞아! 샤프심의 주성분인 탄소가 도체거든.

도체는 전류가 흐르면 빛이 난다, 이거군!

아, 아냐! 빛이 나는 건 도체가 갖는 성질이 아니야.

하지만 방금…….

전구 실험……!

우리와 같은 전구 실험이야. 게다가…….

우리보다 난이도가 높아.

에이~, 저건 그냥 유리병에 넣어서 그럴듯해 보이는 것뿐이잖아.

……

헹~

그게 아냐. 저건 진공 상태를 만들어 낸 훌륭한 장치야.

울컥

후, 훌륭?!

그래. 우리가 만든 전구의 샤프심은 빛과 열을 내면서 공기의 산소와 접촉하여 산화되지.

우리 실험에서 샤프심은 결국 산화되어서 끊어질 거야.

콰 !

뭐? 우리 샤프심이 끊어진다고?

안 돼! 내가 지켜 줄 거야!

하지만 진공 상태로 만들면 필라멘트가 산화되지 않아서

전구의 수명이 길어지는 거야.

진공~?

잠깐만!

뚜껑을 꽉 닫아서 산소가 못 들어가게 한다고 쳐. 하지만 유리병 속에 있는 산소도 없애야 진짜 진공 아니야?

산소

……?

야 오르지? 메롱~.

감독관님
안 보는 거 맞지?
진짜 웃기는데?

역시 허홍이야.
크크킄!

키 득

키 득

뭐야,
저 녀석들!
설마 일부러?!

발 끈

그래, 저 녀석들은 계획적으로
우리와 같은 실험을 한 거야.

?!

쟤들 실험은 좀 달라 보이는데? 뭐지?

응?

못에 전선을 감은 걸 보니 전자석 실험 같은데……

전자석?

저건……, 모스 전신기야.

두

웅

한겨울에 스웨터를 벗을 때 손에 '찌릿' 하고 느껴지는 정전기를 경험해 본 적이
있을 것입니다. 이 정전기는 번개와 같은 일종의 전기 현상입니다. 정전기는 아주
짧게 지속되지만 형광등에 불이 들어오게 할 수도 있고 물을 휘게 만들 수도
있습니다. 그럼 지금부터 간단한 도구들을 이용해 마술처럼 신기한
전기 실험을 해 볼까요?

정전기의 대표적 현상 중 하나인 번개.

실험 1 고무풍선으로 형광등 켜기

준비물 스웨터나 모직 옷, 고무풍선, 형광등

❶ 먼저 형광등을 물걸레로 깨끗하게
닦은 다음 완전히 말립니다.

❷ 고무풍선을 적당한 크기로 불어
묶습니다.

❸ 스웨터나 모직 옷에 풍선을 수십 번 문지릅니다.

❹ 어두운 곳에서 고무풍선을 형광등 가까이 대면 불이 켜지는 것을 확인할 수 있습니다.

⚠ 형광등 내부에는 몸에 해로운 수은이 들어 있습니다. 형광등이 깨지지 않게 조심하세요.

왜 그럴까요?

형광등은 전류가 흐르면 유리관 안의 수은 원자에서 빠져나온 전자가 형광 물질을 통과하면서 빛을 내는 원리로 작동합니다. 일반적으로 두 물체를 마찰시키면 원자핵 주위를 돌고 있던 전자가 한 물체에서 다른 물체로 이동하는데, 이 실험에서 고무풍선을 스웨터나 모직 옷에 마찰시키면 고무풍선에 음전하가 모입니다. 이것을 형광등 표면에 갖다 대면, 고무풍선의 음전하가 형광등 내부의 수은 원자와 반응해 자외선을 발생시키고, 이 자외선이 형광 물질을 통과하면서 순간적으로 빛을 발생시키는 것입니다.

실험2 나무젓가락을 돌리고 물을 휘게 하는 빨대

준비물 나무젓가락, 페트병, 휴지, 빨대

❶ 나무젓가락 한 개를 뚜껑이 닫힌 페트병 위에 올려놓습니다.

❷ 휴지로 빨대를 여러 번 문지릅니다.

❸ 나무젓가락 한쪽 끝에 빨대를 가까이 대고 돌리면 나무젓가락이 회전합니다.

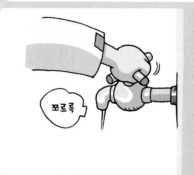

❹ 수도꼭지를 조절해 가는 물줄기를 만듭니다.

❺ 물줄기 근처에 빨대를 갖다 대면 물줄기가 빨대 쪽으로 휘어서 흐릅니다.

왜 그럴까요?

자석이 같은 극끼리 밀어내고 다른 극끼리 끌어당기는 것처럼, 전하도 같은 종류끼리는 밀어내고 다른 종류끼리는 끌어당깁니다. 휴지로 빨대를 문지르면 빨대에 음전하가 모이게 됩니다. 이렇게 음전하가 모인 빨대를 나무젓가락 근처에 갖다 대면 빨대에 가까운 나무젓가락에 양전하가 모이게 되고, 양전기와 음전기가 서로 끌어당겨 나무젓가락이 빨대를 따라 움직이는 것입니다. 마찬가지로 휴지로 문지른 빨대를 흐르는 물줄기에 가까이 대면, 물의 양전하와 빨대의 음전하가 서로 끌어당겨 빨대 쪽으로 물줄기가 휘는 것입니다.

G박사의 실험실 1
벼락 대처 요령

제2화

돌이킬 수 없는 실수

모스 전신기……?

좋아, 다시 한 번
확인해 보자!

전기 에너지를
발생시키는 전지!

이 전기 에너지의
연결을 조절할 수 있는
스위치!

전류의 흐름을 눈으로
확인할 수 있는 전구!

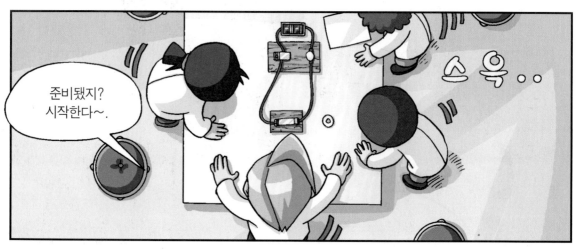

꿀꺽

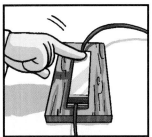

탁

반짝

오오!

톡톡

깜박 깜박

애걔걔, 전구에
불빛 반짝반짝?
저게 다야?

잔뜩 폼 잡더니
별것도 아니잖아~.

쳇!

네 눈엔 당연히
그렇게밖에
안 보이겠지.

뭐?

43

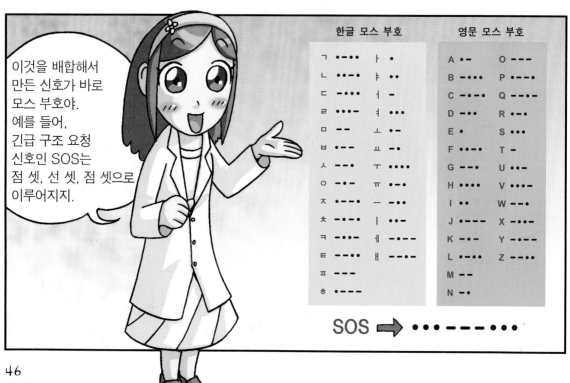

원소는 모스 부호를 모두 알고 있었구나. 역시 대단해!

그치, 우주야?

크흑…

쳇!

남의 실험에 대해 잘 알면 뭐 해?

휴~.

다들 대단한 실험을 하는 것 같아. 우리도 우리 실험에 집중하자.

이제 샤프심이 끊어지는 시간만 적으면 되지?

지금 시간 재고 있어.

란이야, 그럼 그동안 보고서 좀 봐 줄래?

응, 알았어!

자, 조심조심~.

실험 보고서

위이잉

이건 에나멜선에 전류가 흘러 만들어진 전자석과 자석 사이의 자기력을 이용한 전동기 실험이라고.

나도 알고 있거든? 잘난 척 그만 하시지?

아는 녀석이 실험 예상에 전동기의 원리를 모두 설명해 놓은 거야? 이런 건 실험 결과에나 쓰는 거라고!

실험 결과엔 더 자세히 쓸 거야. 이건 좋은 점수를 받기 위한 정성이라고!

에나멜선의 회전 방향

N

S

자기력의 운동 방향

그러니까 넌 항상 2등밖에 못하는 거야. 머릿속에 잔꾀만 가득 차 있으니까~.

흥..

뭐야? 거기서 2등이 왜 나와?

쾅!!

내가 틀린 말 했냐?

여기서까지 이러면 어떡해!

시합 땐 싸우지 않기로 약속했잖아!

내가 보기엔 보고서에는 별 문제 없어. 괜한 트집 잡지 마.

......

쳇.......

내가 참는다!

흥!

휴~, 정말 쟤들 때문에 항상 조마조마해.

만날 저러잖아~. 신경 쓰지 마.

항상 티격태격해도 저 둘은 세상에서 가장 친한 친구라고.

빤~히

뭘 봐?

친한 친구이면서 동시에 선의의 경쟁자라는 건가?

그렇지.

휘이이잉

어……?

드드드

박

파

에나멜선이
짧았나 봐......

그러게......

그래도
재빨리 잡아서
다른 사고는
없었잖아.
다행인 거야.

그리고 분명한 건,
우린 사고 전에 무사히
실험을 마쳤다는 거지!

좋아,
이제 보고서를
정리하자!

하하

......

ㅋㅋㅋ

와아아

사각

54

샤프심이 곧
끊어질 것 같아.
지만아, 준비해.

아차!

서둘러!

란이야, 어서
보고서 좀 줘!

아,
알았어!

허둥저둥

여기……!

보고서엔
별 문제 없지?

휘 익

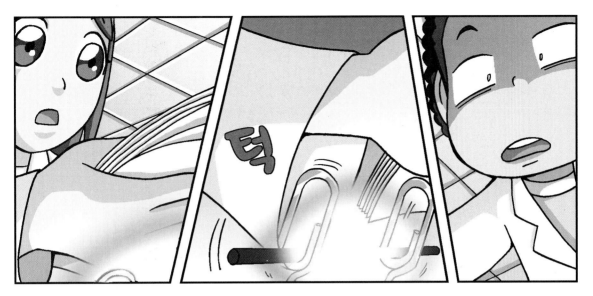

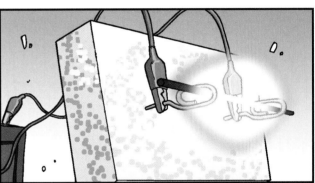

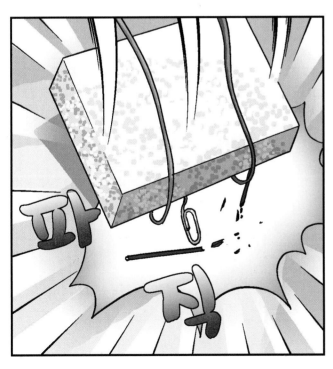

실험물에 데고 싶어?
이건 아직 뜨겁다고. 그리고 실험자가
다치면 감점이 더 크다는 거 몰라?

원소야……

나침반으로 검류계 만들기

실험 보고서

실험 주제	검류계는 전류가 흐르는 것을 감지하여 눈으로 알아볼 수 있게 만든 장치입니다. 검류계에 전류가 흐르면 그 방향과 크기에 따라 나침반의 자침이 다르게 움직여 전류의 방향과 크기를 알려 줍니다. 나침반과 간단한 도구들을 이용해 간이 검류계를 만들어 봅니다.
준비물	

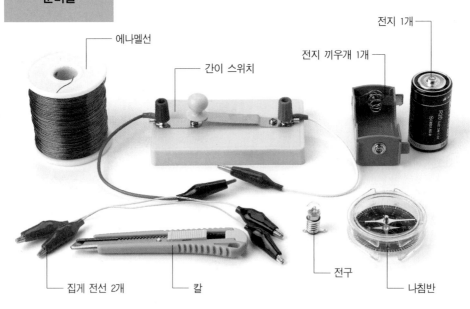

에나멜선

간이 스위치

전지 1개

전지 끼우개 1개

집게 전선 2개

칼

전구

나침반

실험 예상	나침반에 에나멜선을 감아 전류를 흐르게 하면 나침반의 자침이 반응할 것입니다.
주의 사항	칼을 사용할 때 손을 다치지 않도록 주의합니다.

❶ 나침반의 자침이 가리키는 방향과 같게 에나멜선을 50번
   이상 촘촘히 감은 후 에나멜선 끝을 자릅니다.

❷ 에나멜선 양쪽 끝 부분의 표면을 칼로 벗겨 냅니다.

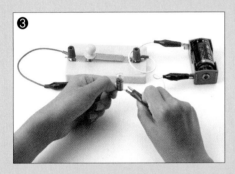

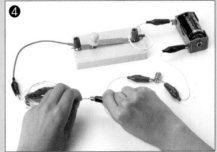

❸ 스위치, 전구, 전지를 집게 전선으로 연결합니다.

❹ 나침반의 자침 방향과 에나멜선이 일치하도록 방향을
   조절하여 나침반을 전기 회로에 연결합니다.

❺ 스위치를 반복해서 여닫으며 나침반의 자침을 관찰합니다.

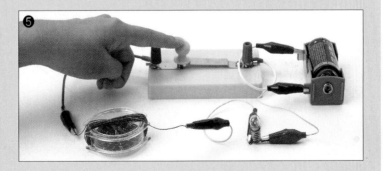

실험 결과	스위치를 닫아 전류가 흐르게 하면 전구에 불이 켜지는 동시에 나침반의 자침이 회전하고, 스위치를 열면 다시 처음 상태로 돌아갑니다.

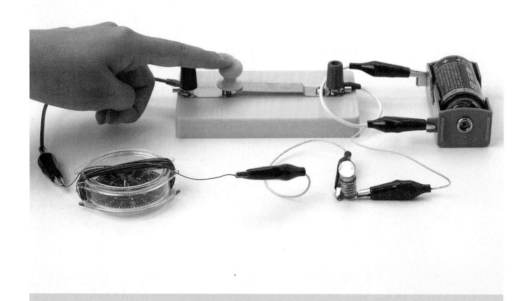

왜 그럴까요?

나침반은 자기를 이용해 방향을 알아내는 기구로, 자석이나 전류에서 발생되는 자기장의 영향을 받으면 바늘이 움직입니다. 이 실험에서 스위치를 누르면 나침반에 감은 에나멜선에 전류가 흐르고, 그 주변에는 전류로 인해 자기장이 생깁니다. 나침반의 바늘이 움직이는 것은 에나멜선 주위에 생긴 자기장의 영향을 받기 때문입니다. 이때 나침반의 움직임은 전류의 방향과 크기에 따라 달라지기 때문에, 전지의 전극 방향을 반대로 바꾸면 전류의 방향이 바뀌어 바늘도 반대 방향으로 움직입니다. 또 전지의 개수를 늘려 직렬로 연결하면 전류가 세져 바늘이 더 빨리 회전하는 것을 볼 수 있습니다.

제3화
가설 선생님이 남긴 숙제

뭐야?

태양초가
1위를 했다고?

69

교장실

철컹

엥?

철컥

철컥

철컥

철컥

으익!

안녕하신가,
친구!

꽝

ㅋㅋㅋ..

혹시, 자네
날 피하는 건
아니겠지?

그, 그럴 리가……

72

갑자기 웬 공사야?

교장 선생님도 참~. '실험반 해체'라고 써 놓으면 더 확실히 알 텐데……

뭐? 해체라니! 실험반이 왜 해체해!!

몰라서 묻냐? 교장 선생님 성격에 당연한 거 아냐?

우리 실험반은 처음부터
교장 선생님의
실험물이었던 거야.

내 분석에
의하면,

태양초를 상대할 무기랄까?
그런데 이제 태양초에게
보기 좋게 져 버렸으니
더 이상 쓸모없게 된 거지.

설마……!

교장 선생님이
그럴 리 없어!

꽉

그러고 보니,
가설 선생님은
어디 계신 거야!!

뻔하다니까~.

으아

……

바보야,
가설 선생님도
안 나오시잖아.
그래도 모르겠어?!

모두 나 때문이야.
미안해…….

그럼, 제대로
찾아온 것 같은데?

그럼
넌…….

난 지금
이 집에 사는
사람이지~.

에? 그럼
설마……,
가설 선생님
아들이니?!

이런, 난 영국에서 선생님과
함께 공부한 제자일 뿐이야.

내가 한국에 머무는 동안
선생님이 세계 곰팡이 학회에
참가한대서 집을
봐 주고 있거든.

곰팡이 학회?

응, 난 선생님이 돌아올 때까지
여기서 실험을 하며 지낼 거니까
선생님한테 용건 있으면 나한테 말해.

그렇구나~, 반가워.
난 지금 새벽초등학교
실험반에서 선생님과
같이 공부하고 있어.

그럼, 동지네~.

레이디의
용건은?

저기……

중요한 건 아냐.
그냥 내가 나중에
여쭤 볼게!
그럼…….

잠깐, 실험반의
여학생이면…….
혹시 나란이?

응?

선생님이 급하게
떠나면서 혹시
네게 전화라도 오면
전해 주라고 남긴
말이 있어.

아, 여기……!
그럼 난 이만!

……?

응?

란이야~!

나야!

나
우주야!

란이야…….

왜 날
피하는 거지…….

멍청하긴.
널 피하는 게 아니라
자기 자신을
피하는 거잖아.

?!

뚜뚜뚜두..

금발

파란 눈

흰 피부

……

자기 자신을
피한다고……?
아~, 한국어가
서툴구나!

오케이,
오케이!
노 프라블럼!!

어라,
여긴!

가설 선생님
집인데?

네가 왜 여기 있어?
설마 이사 가셨나……?

시끄러운
녀석이네…….

이럴 수가!
오 마이 갓!!

학교도 그만두고
이사까지
가 버리시다니!

네가 바로 그
범우주구나?
맞지?

아니! 외국인이
내 이름을 알잖아?
내 명성은
어찌 들었지?

헤?

잠깐 기다려.
선생님이 너에게
뭘 남겼거든.

선생님께서……?

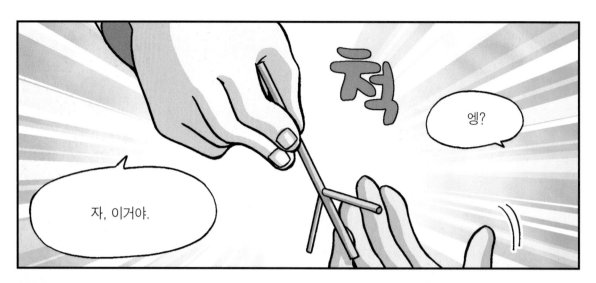

척

엥?

자, 이거야.

이 철사는
뭐야?

철사? 한국에선
lightning rod를
철사라고 부르나?

피… 뭐
아닌가?

피……?
피철사?

하여간,

이걸 주면
네가 알아서
할 거라고 했어.

휙

피철사?
그건 아닌 것
같은데…….

싱웅

학생, 책값
물어내라…….

가,
가지 마!

뭐야, 이게!
땡볕에서 얼음물 판 돈만
다 날렸잖아!

도대체 이 철사는
정체가 뭐야!

설마 가설 선생님이
날 골탕 먹이려고
그런 건가?

난 네가
싱싱할까 봐~.

아니면
그 외국인 녀석이
장난을……?

난 내가
싱싱해서~.

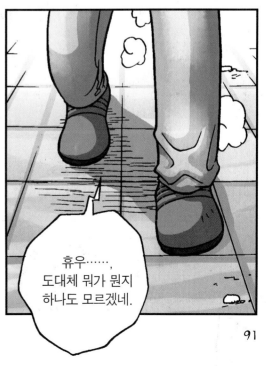

휴우……,
도대체 뭐가 뭔지
하나도 모르겠네.

91

과학실은 왜 폐쇄한 거야?
우리끼리도 충분히
실험할 수 있는데~.

오랜만이네…….

란이는
날 피하고…….

그 재수 없는
원소 녀석은
머릿속에서 이미
실험반을 지웠겠지!

지만이 녀석은
아예 태권도반에
가서 살고…….

과학실이라도
열려 있으면,

내가 깨끗하게
정리해 놓을 텐데…….

그 피뢰침 다 망가지겠다!

강원소!

하핫!

잘 지냈냐?

응.

근데 무슨 침?

아. 피뢰침!

이 철사가 피뢰침이구나!

근데 이걸 왜 나에게?

자석

쇳조각을 끌어당기거나 전류의 작용에 영향을 미치는
성질을 자성이라 하고, 이렇게 자성을 가진 물체를 자석이라고
합니다. 자석은 외부의 힘에 의해 잠시 자성을 가지고 있다가 사라지는
일시 자석과 한 번 자성이 생기면 오래 지속되는 영구 자석으로 나뉩니다.
자석은 열이나 충격을 받으면 자성이 약해지므로 조심해서 다루어야 합니다.

자석은 N극과 S극이 있는데 N극은
빨간색으로, S극은 파란색으로 구분합니다.

자석은 같은 극끼리는 밀어내고,
다른 극끼리는 끌어당깁니다.

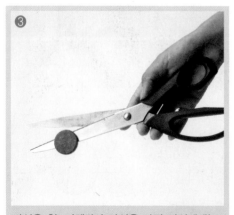

자석은 철, 니켈같이 자성을 가진 자성체에는
붙지만 자성이 없는 종이, 나무토막 등의
비자성체에는 붙지 않습니다.

자석은 몇 번을 절단해도 다시 N극과 S극을
가진 자석으로 분리됩니다.

나침반

나침반은 자침이 남과 북을 가리키는 성질을 이용해 지리적 방향을 알 수 있도록 만들어진 기구입니다. 나침반을 이용해 지구의 방향을 알 수 있는 것은 지구 자체가 자성을 가진 하나의 커다란 자석이기 때문입니다. 지구의 북쪽은 S극, 남쪽은 N극의 성질을 띠는데, 자성을 가진 물체는 서로 다른 극을 끌어당기기 때문에 나침반의 N극은 항상 S극을 띤 북쪽을 향합니다.

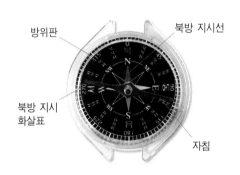

〈나침반의 구조〉

① 지도상의 북쪽과 나침반이 가리키는 북쪽은 약간 차이가 있는데, 이것을 일치시켜야 정확한 방위를 알 수 있습니다. 먼저 수평인 곳에서 지도 위에 나침반을 올려놓고 지도상의 북쪽과 나침반의 북방 지시선을 맞춥니다.

② 지도와 나침반을 함께 움직여 북방 지시선과 북방 지시 화살표가 일치하도록 조절하면, 지도상의 남북이 실제 지형의 남북과 일치하게 됩니다.

③ 지도에서 목적지를 확인하고 가고자 하는 방향을 결정합니다.

나침반만 믿고 계속 가는 거야!

제4화

갇힌 문의 열쇠

그래,
피뢰침!

번개가 좋아하는 철사!
분명히 책에서 봤는데
왜 이제야 기억이
나는 거야!!

책이라고?
설마, TV겠지.

커헉……!

속고만 살았냐?
정말 책에서
봤다니까!

그럼 프랭클린이나
전자의 이동에 대해서도
잘 알겠구나.

......?

저기…….

어디?

엥, 호떡집이잖아.
호떡 쏘라고?

호떡 어묵 계란빵

저 아저씨가
들고 있는 게 좋겠다.

저 누르개랑 은박지,
비닐봉지를 빌려 오면
설명해 줄게.

저건 아저씨의
보물인데…….

어디에 쓰려고?

방금 튄 그 불꽃! 그게 번개라고?

그래, 번개나 정전기는 전기 현상이야.

이 피뢰침은 전류를 땅속으로 유도해서 건물을 보호해.

번개는 수천만에서 수억 볼트나 될 만큼 강력하거든.

파지지직

그렇구나!

피뢰침이 번개로부터 건물을 보호한다…….

그런데 그런 사실은 누가, 어떻게 알아낸 거야?

어떤 사람이 목숨을 걸고 진짜 번개로 실험을 했어.

뭐? 진짜 번개?!

쿵!

그 멍청한 사람, 아직 목숨은 붙어 있나?

나참~

106

아니, 벌써
오래전에 죽었지.

역시, 번개에
맞아 죽었구나.

붕~ 빵 빵

아니,
늙어서.

뭐?

깬!

끼익..

······

잠깐! 하나만
더 묻자!

강원소,
너도······!

실험반이 없어질 거라고
생각하는 건 아니지?

······

부웅

잘 썼어요, 아저씨~.

약속 지킬 거지? 축제 날 꼭 도와줘야 한다.

알았어요!

실험 대회 끝나서 시간도 많다고요.

자, 이거 먹고 기운 차려라.

근데 이걸로 뭘 한 거야? 강원소가 뭔가 설명하는 것 같던데.

야호~! 근데 원소를 아세요?

그럼! 내가 이 자리에서만 9년째인데 그 유명 인사를 모르겠냐?

유명 인사 맞죠! 피도 눈물도 없는 놈으로요!

저런 냉혈한들은 따로 모아서 학교를 만들어야 한다니까요!

하하..

그럼 그 학교에는 강원소와 태양초의 허홍, 대영초의 세나가 다니게 되겠구나!

반장

부반장

회장

와, 진짜 많이 아시네요!

지만아 사부님 같아요!

너도 이건 몰랐을걸?

그 셋은 어릴 때 무척 친한 친구였는데, 누군가 배신해서 사이가 멀어진 거래.

배신이오? 누가 누구를요?

쓱

앗 뜨거!

그건 잘 모르겠는데?

나도 엿들은 거라서……

태양초 방송반 애들이 하는 얘길 들었어. 그 세 사람의 관계가 이상한 건 그런 문제가 있어서라고.

양~

110

정말 누가 누굴 배신한 걸까? 갑자기 궁금해지네.

그건 간단해요!

바로 제일 먼저 기회를 잡은 녀석이죠! 걔들은 그러고도 남아요.

흥

하여간 축제 날 꼭 나오렴. 오늘 호떡 값은 외상으로 올려놓으마.

네?!

서비스라고 하셨잖아요!

서비스는 한 개~! 넌 세 개나 먹었잖아.

말도 안 돼!!

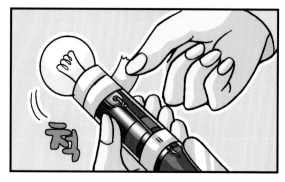

란이야.

전화 받아 봐~.
친구라는데?

네,
엄마!

여보세요.

란이?

아, 네…….
누구세요?

나야, 에릭!

……?

이런, 가설 선생님
집에서 만났잖아.

아! 이름이
에릭이었구나.

초롱이 진짜
끝내 준다!

전국 대회 1등은
확실히 실력이
다르구나……

공중을
날아다녀!

엥?

아…….

이봐…….

뽀글머리!
지금 나
무시하는
거야?

내가 이쪽은
얼씬도 하지 말라고
했을 텐데?

그, 그게 아니라!
그냥 지나가는 길에
잠깐 구경한 것뿐이야!

으드득

주장, 송판
다 떨어졌어.

철컥

이 녀석이
진짜!

히익!

나의 철권 맛 좀
볼 테냐?!

그럼 창고에서
가져오면 되잖아!
그런 건 좀 알아서 해!!

내가!
내가 가져올게!

나한테
맡겨 줘!

사
사
삭

조금이라도
돕고 싶어서
그래~.

응?

응?

꿍‥‥

……

응응?

정 그렇다면
열 박스만 가져와.

열 박스? 그걸 다 깨려고?!

당연하지!
연습 강도를 더 높여야 해!

그래야 이번 축제 공연에서
우리 태권도반의
진면목을 보여 주지!

아, 축제에서
태권도반이 공연도 해?

헤...

너 우리 학교 학생 맞아?
축제의 마지막 무대는
항상 우리 태권도반
몫이었다고!!

바로 태권도반의
화끈한 격파 시범이
펼쳐지는 거야!

휴우~.

모두 이렇게 쉽게 포기해 버리다니…….
실험반 최대 위기네~.

피뢰침이 번개로부터
건물을 보호하는 것처럼
위기에 처한 실험반을
내가 지킬 수 있다면…….

무거워~.

헥헥.

어?
저건…….

?

야,
하지만!!

너 결국 태권도반에
들어간 거야?

시, 신경 쓰지 마!

어차피 실험반도 없어진 마당에 상관없잖아!

뭐?

하아...

아직 없어진 건 아니잖아~.

아, 실험반 범우주!!

응? 왜~?

요즘도 수리 아르바이트 하냐?

그럼!

잘됐다!

내 자전거 체인이 자꾸 빠지는데 고쳐 줄 수 있어?

그런 건 자전거 수리점에 맡기는 게 좋을걸?

저 녀석, 자기 자전거도 체인이 빠졌는데 못 고쳐서 걸어 다닌다고.

그, 그래?

쩡...

실험반이라 뭐든
잘 고칠 줄
알았는데
아닌가 보네?

다음에 다른 일
생기면 부탁할게.

실험반은
마술반이 아냐…….

코 롱

그런데 축제 준비는
잘 되고 있어?

이번 축제에서
실험반이 공연을
한대서, 다들 엄청
기대하고 있거든.

뭐……?
이번 축제에,

땡

실험반이
공연을 해?!

학교 게시판에
적혀 있던데……?
하여간 잘해 봐!

학교 게시판?!

챠 륵

챠 륵

반 짝

와, 신기해!!

게시판

그럼…….

태권도반 다음 차례야!

너희가 꾸민 일이 아니란 말이야?

뭐? 너도 몰랐어?

원소 네가 한 게 아니라고?

내가 이런 우스꽝스런 일을 만들 리 없잖아!

그럼, 대체 누가…….

쑥

나야!!

벤자민 프랭클린(Benjamin Franklin)

벤자민 프랭클린(1706~1790)
미국의 과학자이자 정치가.
번개와 전기가 같은 성질임을
밝혀내 전기 분야 발전의
기틀을 확립했다.

미국 100달러짜리 지폐의 모델인 프랭클린은 신문사의 경영자였으며 소설책을 발간한 작가이자 미국 국회의원을 지낸 정치가, 피뢰침을 발명한 과학자 등 매우 다양한 분야에서 뛰어난 업적을 남긴 것으로 유명합니다.

1752년 6월 어느 비 내리는 날, 프랭클린은 번개와 전기가 같은 성질임을 증명하기 위해 목숨을 건 실험을 합니다. 프랭클린은 오두막 문 앞에서 비를 피하며 천둥 번개가 치는 하늘에 연을 날렸습니다. 잠시 뒤, 프랭클린은 연줄에 매달아 놓았던 열쇠를 건드리자 불꽃이 튀는 것을 확인할 수 있었습니다. 잘못하면 번개에 맞아 죽을 수도 있는 위험한 실험이었지만, 프랭클린은 치밀하게 준비했고 또 운까지 따라 준 덕분에 실험을 성공리에 마쳐, 번개의 성질이 전기와 같다는 것을 증명하였습니다.

프랭클린은 이 실험을 계기로 피뢰침을 발명하였고, 전기에 관한 연구를 계속하여 '양전하'와 '음전하'에 대한 개념을 정립하였습니다. 또한 복초점 렌즈와 프랭클린 스토브를 고안하여 과학자로서의 명성을 이어 갔습니다.

또 다른 그의 탁월한 업적은 바로 '미국 건국의 아버지'로 불릴 만큼 활약했던 정치·외교 분야에서입니다. 그는 독립 전쟁 때 프랑스의 경제·군사 원조를 얻어 내 미국이 승리하는 데 결정적인 역할을 했습니다. 또한 미국 헌법의 뼈대를 만들었고, 특히 제퍼슨과 함께 기초한 '미국 독립 선언서'는 미국 역사에 길이 남을 업적으로 평가받고 있습니다.

콩 볶아
먹어야지!

G 박사의 실험실 2

감전 사고 예방

조수~, 빵 좀 구워!

네~.

땡

앗!

전선 피복이 벗겨져 있어요!

전기는 내 전문이지! 이리 가져오게.

뭐든 다 전문이라서~.

하 하 하

잠깐! 장갑이오!

응?

철컹

캑!

코드를 뽑은 뒤에도 전선에 전기가 남아 있을 수 있어요!

⚠️ 실험실의 안전 수칙!

감전이란 인체에 전류가 흘러 충격을 받는 것을 말합니다. 감전이 되면 심한 화상을 입거나 심장 마비로 죽을 수도 있으므로 조심해야 합니다.

어~, 시원하다!

절~절~

전기는 피부를 통해 우리 몸에 들어오는데, 피부에 땀이나 물이 묻어 있으면 전류가 훨씬 잘 흐릅니다. 따라서 절대 젖은 손으로 전기 제품을 만지면 안 됩니다.

만지지 말라니까요!

물 약이나 들을까~.

척

전기 제품은 용량과 규격에 맞게 사용해야 누전이나 감전을 예방할 수 있습니다.

220V

으악!

110V

펑

NOTE

제5화

피노키오의 대모험

137

과학실도 사용 못하고
실험 기구도 없이 어떻게
공연을 한다는 거야?!

음……. 그건……!

아……!

아,
맞다!!

넌 저번에
했잖아!

그때 그
번개 실험!
넌 과학실의
실험 기구 없이
잘 해냈잖아!

그건…….

응? 뭘?

우리의 마지막 대결 주제였던 전기……! 난 그걸로 하고 싶어.

난 찬성이야!

나도 찬성! 정말 멋진 생각이야!!

역시 란이야! 실수를 성공으로 마무리하자는 거지?!

하 핫!

실험반 때문에 온 거 아냐?

그러게, 또 신나게 비웃으려고 왔겠지.

기분 나빠. 괜히 우리 축제 분위기만 망치겠네.

저것들이……!

그렇다면 우리 새벽초 학생들이 할 일은 하나!

저 녀석들보다 좋은 자리를

맡는 거야!

얼씨구, 진짜 수준대로 노는구나.

원소가 이따위 학교에 다니다니…… 믿을 수가 없어.

더 믿기지 않는 건 실험 공연 같은 걸 한다는 거야.

천하의 강원소가 이런 애들 장난 같은 일을 하다니 말이야!

흠…….

원소가 어서 정신을 차리게 해 줘야 해. 그게 친구의 도리잖아?

그러잖아도……, 과학실은 벌써 폐쇄됐다던데? 실험반 해체는 시간 문제야.

그렇다면,

새벽초 실험반과 원소의 마지막이 되겠군!

따라올 테면 따라와 봐!

잠깐
실례할게.

엥?

세나야!

지벽

지벽

란이야,
놀랐지?

새벽초 실험반이
공연을 한다기에
널 보러 왔어.

아,
고마워······.

와, 재미있겠는데?
실험 재료도……

특이하고 말이야.

응~,
그렇지?

비웃는 거
아냐?

오늘이 실험반
마지막 활동이라며?
란이 너, 이번에는
실수하면 안 돼~.

후훗..

뭐야?!

고마워,
세나야.

끄덕

사실 지난번 실수로
많은 걸 깨달았거든.
다 실험반 친구들 덕분이야.

……

……!

*병가지상사(兵家之常事) 수많은 목숨을 책임지고 있는 장수도 전쟁에서 실수할 때가 있는 법.
즉, 실수는 누구나 할 수 있다는 뜻.

155

조 용‥

피노키오는 나무로 만들어진 호기심 많은 소년입니다.

드르륵‥

끙~

드르륵‥

어느 날, 피노키오가 사는 마을에 마법사가 찾아왔습니다.

척!

어흠!

159

160

그 정전기라는 게 내 풍선이랑 무슨 상관이야?!

정전기!

그게 뭐야?

아저씨는 그것도 몰라요?

정전기란 말이죠~.

팟

까!

까악

정전기란 움직이지 않는 전기입니다.

정전기는 우리 일상 곳곳에 숨어 있으며, 누구나 가질 수 있습니다.

오오~

물체를 이루고 있는 원자를 통해서 말이지요. 이 원자 속에는

양전하와

음전하가 있습니다.

척

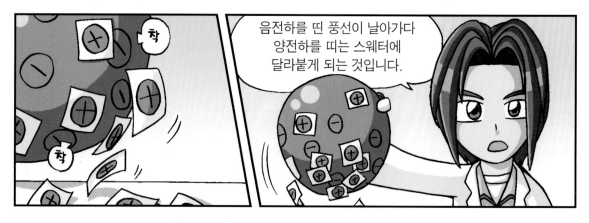

*음전하를 띤 풍선을 종이에 갖다 대면 같은 종류의 전하끼리 밀어내는 성질에 의해 종이의 음전하가 튕겨나가고,
남아 있는 양전하에 의해 풍선에 종이가 달라붙습니다.

아시겠어요?

풍선이 옷에 붙는 건 정전기 때문이라고요!

그럴 리 없어!

내 마법 때문이야!

그리고 여기!

무슨 짓이야?!

아저씨 지갑은 여기 있잖아요.

찰 랑

찰 랑

이 녀석이! 감히 날 건드려?!

좋아! 이번엔 진짜 마법을 보여 주지!

또 거짓말하면 여기 있는 돈은 제 거예요~.

좋아!

나 참, 이런 것도 마법이라고 하나요? 내가 똑같이 해내면 이 돈은 제 거 맞죠?

뭐야? 그럼 너도 해 봐!

퐁당

잘 보세요. 물속의 클립을 이렇게~.

퐁

간단히 성공~!

짠

우아~!

이, 이상하다. 그럴 리가 없는데……

난 마법 학교에서 배웠다고!

넌 대체 어떻게 한 거야?

아저씨와 똑같이 했죠.

자기장은 종이나 나무, 유리, 물을 통과해서 철을 끌어당길 수 있습니다.

이 철가루를 이용하면 자기장의 모습을 쉽게 볼 수 있어요!

철가루를 아크릴 판 위에 뿌리고…….

철가루

사락

사락

자석

스욱

조심히 들어 자석 위로 가져가면…….

철가루가 자기장의 모양대로 흩어지는 것을 볼 수 있습니다.

보이냐?

아니. 안 보여~

하나도 안 보여! 들어서 보여 줘!

나도 보고 싶어!

아…….

어쩌지……?

167

어떻게 해야 보여 줄 수······.

아······!

일단 아크릴 판 아래에 자석을 고정하고.

철가루 위로 다른 아크릴 판을 덮으면······.

?!

이제 보이나요? 이것이 자기장의 모양입니다!

우아!

이제 잘 보여!

와~

자기장은 저렇게 생겼구나~.

신기해!

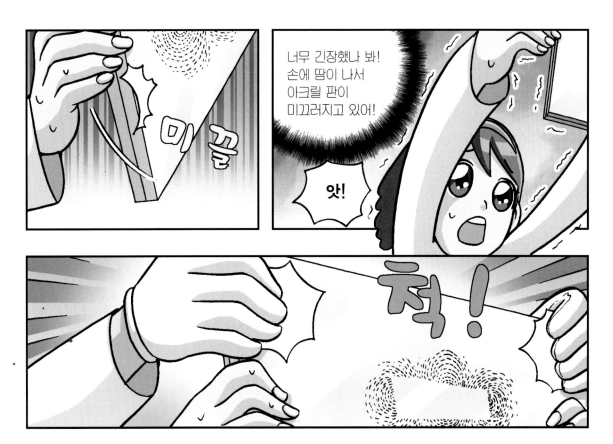

전기의 송전 과정

전기는 첨단화된 현대 사회에서 인간이 살아가는 데 꼭 필요한 에너지입니다. 만약 전기가 없다면 우리는 TV와 컴퓨터도 이용하지 못할 뿐만 아니라 밤이 되면 세상은 온통 어둠으로 가득 찰 것입니다. 석탄, 석유 등 화석 연료의 대체 에너지원으로 부각되고 있는 전기는 어떻게 만들어지는 걸까요?

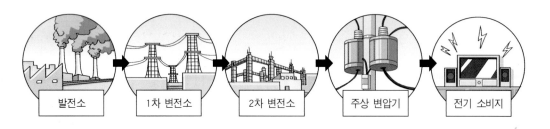

| 발전소 | 1차 변전소 | 2차 변전소 | 주상 변압기 | 전기 소비지 |

송전 송전은 전기를 만드는 발전소와 전기의 전압을 바꾸는 변전소, 변전소와 변전소, 혹은 변전소와 전기 소비지를 연결하여 전기를 안전하게 보내는 것을 말합니다.

발전소 발전소는 기계로 전기를 만들어 내는 곳을 말하는데, 사용하는 자원에 따라 수력 발전소, 화력 발전소, 원자력 발전소 등으로 나뉩니다. 이 자원들은 터빈을 돌리는 원동력이 되고, 터빈이 발전기를 돌리면 원통 안의 코일이 회전하면서 전기를 발생시킵니다.

변전소 발전소에서 만들어진 전기는 송전 시 전류의 손실을 막기 위해 전압을 높여 1차 변전소로 보내집니다. 1차 변전소에서는 이 전기의 전압을 낮춰 송전선을 통해 2차 변전소로 보내고, 2차 변전소는 일반 전기 소비지에서 사용할 수 있도록 다시 전압을 낮춰 주상 변압기로 보냅니다.

전기 소비지 주상 변압기를 통해 220V로 바뀌어 가정에 도착한 전기는 여러 가지 전기 제품에 전기를 공급하여 빛을 발생시키기도 하고 열을 내어 따뜻하게 해 주기도 합니다.

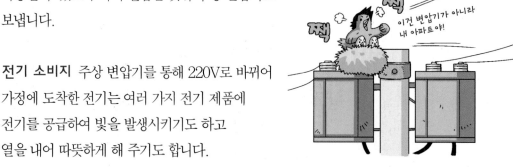

이건 변압기가 아니라 내 아파트야!

다시 주어진 기회

고래 배 속은 정말 넓구나!

후아~

생선 뼈다귀 같은데?

푸하하!

나 같은 나무가 무슨 맛이 있다고 잡아먹냐?

퉁 퉁

빼꼼..

무슨 소리지?

아니! 넌 내 아들 피노키오!!

휙

아버지! 아버지도 고래에게 먹히셨군요!

이럴 수가! 우리 부자는 이제 여기서 같이 죽겠구나!

흑 흑

우리가 죽긴 왜 죽어요? 빠져나가면 되잖아요!

뭐?
어떻게?!

다 방법이
있죠~.

찰랑...

이걸로 고래를
감전시키면
돼요!

웅성 웅성

감전? 그러려면
전기가 필요한데, 고래 배 속에서
어떻게 전기를 구해?

차라락

바로 이 동전으로
전지를 만드는
거예요!

동전으로
전지를
만든다고?

진짜
마술인가?

그러게~.

동전으로
전지를
사면 돼!

177

이게 전지라고? 믿을 수가 없구나.

그럼 혀를 내밀어 보세요!

혀? 이렇게?

네~.

스윽..

아다다다다! 이거 정말 굉장하구나!

어버버

!!

그렇죠?

그런데!

고래를 감전시키면 우리도 감전되는 거 아니냐?

고래 배 속의 이 바닷물을 타고 전기가 통할 게 뻔하잖아!

하 하

그건 걱정 마세요! 부도체인 제가 있잖아요!

부도체~?

물처럼 전기가 통하는 것을 도체,

물 쇠 금속

저처럼 전기가 통하지 않는 나무 같은 것을 부도체라고 하거든요.

고무 나무 플라스틱

제가 이렇게 업으면 아버지는 절대 감전되지 않죠.

그렇구나.

영차~

자, 준비됐죠? 이걸로 고래를 감전시켜서 간지럼을 탄 고래가 웃을 때 빠져나가는 거예요!

좋아, 시작해!

씩...

두근 두근

파직!

꿀꺽

조 용~

앗!

ㅋㅋㅋ

이거 어쩌나~.
축제가 엉망이 되었네~.

찰칵

오랜만에 전기를
많이 써서
낡은 건물이
놀란 게 분명해~!

크크크

앗,
눈부셔!

헉!

전기 차단기가
내려갔었어요!

제가 잽싸게
해결했습니다.

이미
늦었어…….

축제가 이렇게
끝나다니…….

병렬연결은 건전지에
각 전구마다 다른 전선을
연결해서 각 전구에 전류가 따로
흐르기 때문에,

하지만 병렬로
전구를 연결하면
전구 하나가 고장 나도
나머지 전구는
이상 없습니다.

전구 하나가 고장 나도
다른 전구는 계속 켜져
있을 수 있습니다.

병렬

직렬

두꺼비집

우리가 사용하는 대부분의
전기 설비는 병렬연결로 되어 있고,
두꺼비집만 직렬연결입니다.
지금도 병렬로 연결되어 있는
전등 하나가 고장 났다면
나머지 전등은 켜져 있었을 것입니다.

하지만 직렬로
연결되어 있는
두꺼비집이 꺼지자
모든 전등이
꺼진 것입니다.

천재 범우주에게 이 정도 일은 식은 죽 먹기죠!

강원소! 새벽초의 보석!

……

꽉……

널 믿고 실험반을 만든 건 최고의 선택이었어!

거짓말! 그러면서 실험반은 왜 없애시려는 거예요?!

뭐?!

실험반을 없애다니?

누가 감히 그런 짓을?!

아~, 그거야 과학실 보수 공사 때문이지. 가설 선생님이 말씀 안 해 주시던?

깜빡했나?

사용 금
- 공사 중

과학실을 폐쇄시키셨잖아요!

응?

그럼 실험반이 없어지는 게 아니었군요!

당연하지! 올해 전국 대회 출전 티켓은 놓쳤지만, 내년이 있잖느냐! 우리 실험반은 이제 시작이라고!

아……!

잘됐어!

이제 마음 놓고 실험할 수 있어!

뭔가 좋은 일이 있나 보네?

응?

너희도 왔구나!

응, 공연 재밌게 잘 봤어.

아, 교수초 발명반!

뭐야? 그거 자랑하려고
일부러 온 거지?!

끝까지 들어 봐~.
우리는 세계 발명 올림피아드에
나가야 돼서……

뭐?!

엥?

그,
그래서……?

그러니까
그 말은……

응?

턱

그러니까 실험 대회는
실험반에 맡긴다는
얘기지.

195

자~,
어떠냐?

먼지만
더 쌓였어!

뭐, 뭐야!
대체 뭐가
바뀐 거야?!

나도 잘
모르겠어.

눈을
크게
뜨고
잘 봐!

이 커튼!
최신 유행 특수 가공
원단으로 바꿨다고!

새 커튼

그리고
돈이 가장 많이 든 벽!
페인트칠을
새로 했잖아!

이 칠판!
이것도 테두리를
교체했어!
힘든 공사였지!

새 페인트칠

띵~

새 칠판 테두리

이게 무슨 보수 공사예요? 최첨단 실험 기구라도 들여놓은 줄 알았네!

뭐?!

너 최첨단이라는 단어가 무슨 뜻인지나 알고 말하는 거야?

발끈!

뭐?!

그것보다 너!

역시 모르는군.

공연 때 왜 혼자 잘난 척했어?!

이 과학실 공사에 예산이 얼마나 든 줄 알아?

조금 들었겠죠.

다들 진정해요!

시끌

시끌

시끌

반짝

톡

건전지, 전선, 전구, 스위치…….

앗, 선생님! 놀랐잖아요!

전구는 이 모든 게 연결되어 있어야 불이 들어오지. 어느 한 군데라도 끊어지면 아무리 강한 전기라도 전구를 밝히지 못해!

실험반도 마찬가지란다.

톡

한 사람, 한 사람 모두 연결되어야 빛을 낼 수 있어!

맞아요!
이번 공연에서
저도 그걸 확실히
느꼈어요!

나도!!

나도 느꼈어!
우리가 연결되어 있다는
느낌 말이야.

그래! 그럼 그 빛을
전국 실험 대회에서도
밝히는 거다!

오오!

좋아요!

전기 핵심 용어

우리가 일상생활에서 접하는 전기는 간단히 말해 전자의 이동 때문에 생기는 에너지입니다. 하지만 조금 더 깊게 살펴보면 어려운 용어들이 잔뜩 나오는 복잡한 부분이기 때문에, 전기에 대해 정확히 이해하기 위해서는 용어를 잘 아는 것이 중요합니다. 그럼 지금부터 전기에 쓰이는 용어에 대해 알아볼까요?

원자 원자는 지구상에 존재하는 모든 물체를 이루는 가장 작은 입자를 말합니다. 원자는 양성자와 중성자가 들어 있는 원자핵과 그 주위에 떠다니는 전자로 구성되어 있습니다. 양성자는 양전하, 중성자는 중성, 전자는 음전하의 성질을 갖고 있습니다.

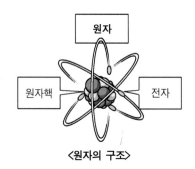

〈원자의 구조〉

전자 전자는 원자를 구성하는 기본 입자인데, 질량이 매우 작고 음전하를 가지고 있으며 전류를 흐르게 하는 주체입니다. 전자는 (−)극에서 (+)극으로 이동합니다.

전하 전하는 모든 전기 현상을 일으키는 실체를 말합니다. 그 실체를 명확히 밝히긴 어렵지만, 전하는 전자가 가진 근본적인 성질이라고 여겨집니다.

전류 전류는 엄밀히 말하면 '음전하가 흐르는 현상'입니다. 보통 음전하를 전자라고 말하기 때문에 '전자가 흐르는 현상'이라고도 합니다. 사실 전류는 전자와 같은 방향으로 흐르지만 전자가 발견되기 전에 '전류는 (+)극에서 (−)극으로 이동한다'고 정한 학자들의 약속 때문에, 전류의 방향은 전자의 이동과 반대라고 얘기하는 것입니다.

전압 전압은 쉽게 말해 전류를 이동하게
하는 힘입니다. 전압이 클수록 더 많은 전기
에너지를 갖고 있다는 것을 나타냅니다.
우리가 흔히 몇 V(볼트)라고 말하는 것은
이 전압의 크기를 나타내는 것입니다.

대전 대전이란 물체가 전기를 띠는 현상을 말합니다. 원자는 대부분 양성자와
전자의 숫자가 같아서 중성으로 균형을 이루고 있습니다. 이때 외부에서 물리적
힘이 가해지면 가벼운 전자들이 빠져나오면서 원자가 전기적 성질을 띠게 됩니다.

전자석 전자석은 전류가 흐르면 자석의 성질을 갖게 되고, 전류가 흐르지 않으면
원래의 상태로 돌아가는 일시적인 자석을 말합니다. 전류의 세기에 따라 영구
자석보다 훨씬 큰 힘을 얻을 수도 있고, 전자석에 공급되는 전류의 양을 조절하기
편리하여 각종 전기 제품의 부품 등에 널리 쓰입니다.

자기력 자기력이란 자성을 가진 물체가 서로 밀거나 당기는 힘을 말합니다.
같은 극끼리는 밀어내고 다른 극끼리는 끌어당깁니다. 자성체의 거리가 멀어질수록
자기력이 약해지고, 가까울수록 자기력이 강해집니다.

자기장 자기장은 자석 주위에
자기력이 작용하는 공간을
말합니다. 자석뿐만 아니라 전류가
흐르는 전선 주위에는 항상
자기장이 형성되는데, 전선 주변에
나침반을 놓으면 자침이 회전하는
것으로 자기장을 확인할 수
있습니다.

전지

전기 제품을 사용하기 위해서는 전압에 의해 전기를 공급받아야 합니다. 우리는 보통 잘 정비된 전선로를 통해 쉽게 전기를 얻지만 전지를 이용하면 전선 없이 핸드폰, MP3 플레이어 등에 전기를 공급할 수 있습니다. 일반적으로 전지는 내부에 들어 있는 화학 물질을 통해 발생되는 화학 에너지를 전기 에너지로 변환시키는 장치를 말합니다. 오늘날 사용되는 전지는 1800년 이탈리아의 물리학자 볼타에 의해 처음 만들어졌고, 그의 이름을 따서 전압의 단위를 V(볼트)라고 합니다.

전지의 종류

1차 전지는 한 번 쓰고 나면 더 이상 쓸 수 없는 전지를 말하며, 2차 전지는 전지에 전기 에너지를 공급, 즉 충전을 하면 화학 혼합물이 작용해 다시 쓸 수 있는 전지를 말합니다. 1차 전지는 우리가 흔히 말하는 건전지가 대표적이고, 2차 전지는 충전지나 휴대 전화에 쓰이는 리튬 이온 전지 등이 있습니다.

전지의 구조와 원리

전지의 (+)극은 탄소 막대, (−)극은 아연을 사용합니다. 전지 안에는 각종 화학 혼합물이 들어 있는데, 아연이 산화(전자를 내보냄) 작용을 하면 탄소 막대가 환원(전자를 받음) 작용을 함으로써 전기를 발생시킵니다. 화학 혼합물이 그 속성을 잃으면 전지의 수명은 끝납니다.

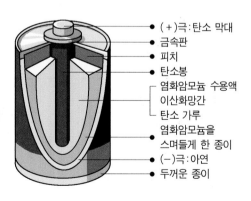

• (+)극 : 탄소 막대
• 금속판
• 피치
• 탄소봉
• 염화암모늄 수용액
  이산화망간
• 탄소 가루
• 염화암모늄을
  스며들게 한 종이
• (−)극 : 아연
• 두꺼운 종이

<전지의 구조>

전기 회로

전류가 흐르는 길을 전기 회로라고 하는데 회로의 접속 방법에 따라 직렬연결과
병렬연결로 나눌 수 있습니다.

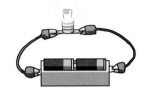

직렬연결 한 전지의 (+)극을 다른 전지의 (−)극과
연결하는 방법으로 전지를 일렬로 나란히 연결하면
됩니다. 전압을 높여 사용해야 할 때 적합합니다.
1.5V의 전지 10개를 직렬로 연결하면 전압은 15V가
됩니다. 전압이 높기 때문에 전구를 연결하면 전지가 1개일 때보다 훨씬 밝은 빛을
얻을 수 있지만, 전류가 각 전지에서 동시에 사용되는 것이어서 전지 1개의 수명과
차이가 없습니다.

직렬연결 회로는 전류가
한 길로 흐르기 때문에
연결된 전지 중 하나만
고장 나도 전류의 연결이
모두 끊겨 버립니다.

난 밝은 곳이
좋으니까
직렬연결!

병렬연결 각 전지의 (+)극은 (+)극끼리, (−)극은
(−)극끼리 같은 극을 연결하는 방법입니다.
병렬연결에서는 전지 1개일 때와 전지가 10개일 때
전구의 밝기는 별 차이가 없지만, 전지의 수명은
전지의 개수만큼 늘어납니다.

병렬연결 회로는
전류가 서로 다른
전선을 따라 흐르기
때문에 하나의 전지가
고장 나도 전류는 계속
흐르게 됩니다.

난 아껴야
하기 때문에
병렬연결!